길 위에서
만난
바람

공간마당 동인시집 제13집

길 위에서 만난 바람

한강

책머리에

제13집 동인지를 내며

　시詩 앞에 서면 강가에서 불어오는 바람의 냄새가 보입니다.
　바람의 갈피마다 구름들이 짜 놓은 빗물, 그들은 바람의 생각에 따라 태양의 온도를 기미氣味하며 온종일 물비늘을 세우고 물결을 가늠했을 것입니다.
　어제는 속살거리던 계절의 수다로, 오늘은 침묵과 기다림으로 그리고, 내일은 물살을 읽어 가는 낙엽처럼….
　시詩 속에 들어서면 덧대어 박음질한 조각보 하나 있습니다.
　나뭇잎 한 잎 한 잎 이음매 단단한 조각보, 가만히 펼쳐 보면 물소리, 바람 소리 그리고 숨소리마저 다릅니다.
　어느 것 하나, 같은 것이 없지만 조각보가 단단해 보이는 까닭은 나뭇잎의 흔들림까지 놓치지 않았던 섬세함, 바로 바람의 이끼 냄새로 여며졌기 때문입니다.

2013년 하늘빛 고운 날
공간마당 동인 회장 **추 경 희**

공간마당 동인시집 I 길 위에서 만난 바람

□ 책머리에

권화이
피사계 심도_12 / 평창의 전봇대_14 / 현충원의 봄_15 /
자작나무 숲의 첫눈_16 / 남태평양 엘레지_18

김　백
소나무 분재_20 / 사랑이란 문장_21 /
그리움의 색깔은_22 / 가을이 와서_23 /
겨울 나목처럼_24

김　복
허울 좋은 바이오 금팔찌_26 / 실과 바늘처럼_28 /
호박꽃_29 / 시인 부인네 속내_30 /
숨 쉬고 있던 추억_31

김선아
두물머리를 내려다보며_34 / 세한도_35 / 가고파_36 /
국화차 앞에서_37 / 몽당붓_38

김태수
춘분날_40 / 단풍_41 / 묵향_42
다시 불러 본 아버지_43 / 구름 속 천교天橋_44

박근모
주왕산周王山 탐방_46 / 소백산 등정기_47 /
만폭동_48 / 내 고향 봄내 골_49 / 촛불_51

신세현
수하소회首夏所懷_54 / 초하初夏_55 / 설인雪人_56 /
춘설春雪_57 / 존명存命_58

우성영
참새와 노스님_60 / 죽으면서 산다_61 /
아내의 소원_62 / 대화의 오류_63 / 고향_64

이귀선
수용지구·1_66 / 수용지구·2_67 / 구제역_68 /
구제역 그 후_69 / 길 위의 장례식_70

이근모
잎의 알몸_72 / 해저 터널을 걸으며_73 /
경로당 가는 길_75 / 건널 수 없는 다리_77 / 호미_78

이유미
길 · 1_80 / 죽는 것과 살아 내는 것_81 /
어머니 어머니 · 1_82 / 어머니 어머니 · 2_85 /
재두루미 · 2_88

이종수
푸념_90 / 아무르_92 / 폭우_96 /
지리산 뱀사골에서_98 / 섹시한 사과의 말_101

이호자
난 뚱딴지_104 / 빛나는 나의 봄_106 /
환상의 오지에 날아다니는 시어들_108 / 휴전선 봄_110 /
소금_111

이희숙
순응자_114 / 망각을 깨우는 곳_115 /

우리 가는 곳 어디멘지_117 / 어머니_118 /
청춘은 봄이더이다_119

정인환
실루엣 사랑_122 / 꽃잎에 쓰는 편지_124 /
늙은 호랑이가 부르는 노래_126 / 선물을 받고_128 /
사랑의 향기_130

추경희
독백_134 / 여우비_135 / 입추_136 /
첫눈이 오면_138 / 여백_139

편 문
흑백사진_142 / 어딘가에 있을 기다림_144 /
삶의 한구석_146 / 하얀 종착역_148 /
이별 뒤에 내리는 비_150

권화이

- 월간 《문학공간》으로 등단
- (사)한국예술문화연구원 부이사장
- (사)한국시인연대 회원
- (주)BeNew 이사
- queenwhy@naver.com

공간마당

- 피사계 심도
- 평창의 전봇대
- 현충원의 봄
- 자작나무 숲의 첫눈
- 남태평양 엘레지

피사계 심도

간밤의 빗방울에
푸른 하늘 담긴 아침
사각의 테두리에
세상을 품어 안고
꽃편지 소식을 따라 만 리 길을 나서나니

오월의 청보리밭
솔 섬 너머 저무는 해
주전골에 타는 가을
눈 덮인 창경궁 뜰
어느 곳 어느 꿈인들 찬란하지 아니하랴

이차원에 담아 가는
무한대의 심상 찾아
무음의 시간 속에
바람 소리 빛을 담는
구도의 기도를 닮은 경건한 두 손이여

대지에 버티고 선
삼각대의 부동심不動心에

나비처럼 고요히
마음을 접어놓고
인생의 깊이를 따라 정하는 피사계 심도※.

※피사계被寫界 심도深度: 사진에서 초점이 맞은 것으로 인식되는 범위

평창의 전봇대

대관령 옛길 따라
산길의 지표 되어
눈 시린 하늘빛에
마음 활짝 헹궈 내며
이 한 몸 산 타고 흐르는 바람 길이 되고자

햇살이 날개 펴니
산 그림자 일렁일 때
제 비록 바람에 이는
가지 어디 있으랴만
그림자 나란한 나무 되어 푸른 산에 살고자.

현충원의 봄

봄은
능수벚꽃 위에
폭포처럼 쏟아지다가

여린 목련 위에
안타까이
머물다 간다

봄보다
더
짧게 스쳐 간 사람들

한 줌 흙에도
그리움 솟구치는
이
지극한 봄날.

자작나무 숲의 첫눈

늦가을 원대리에 첫눈이 내렸어라

산등성 오솔길에 쌓인 눈 위를
동네 백구가 앞서 가며 안내를 한다

시린 발아래 놓아준
과자 몇 개를 먹고는
퉁퉁 불은 젖을 늘어뜨리고
느리지도 서둘지도 않으며 간다

행여
뒤따르는 걸음이 늦어지면
어찌 아는지 되돌아와 기다려 준다
외줄기 산길이 어디 갈 리도 없건만

어미 개의 작고 고운 발자국을 따라
그 어느 이정표보다 가지런한 자취를 따라
파란 하늘을 이고 선 숲길을 걷는다

먼 산에는

흰 구름이 능선을 따라 얹혀 있고
산 아래에 샛길에는
흰 눈이 하얀 선을 그어 놓았다

어제는 가을이더니 오늘은 겨울인가
이 조용한 산에
겨울은 왜 이리도 서둘러 오는 걸까

이제
자작나무는
하얗게 날개 벗으며 새날을 준비하고
잣나무는
눈 속에서 여전히 푸르건만

산 속의 어미 개는
눈 위의 제 그림자를 보며
문득
시름에 잠긴다.

남태평양 엘레지

먼 수평선 위로
남국의 시간이 멈추고

바다에서 구름이 피어나듯
마음에 피어나는 얼굴 하나

비우려도 비우지 못하는 미련에
채우려도 채울 수 없는 기나긴 그리움이여

하얀 말리꽃 목걸이의 향기
흩날리는 해변에는
그날처럼 노을만이 붉구나

아! 바람에 스러진
꽃잎 같은 인연이여

구슬픈 기타의 A 마이너 선율은
별빛처럼 쏟아지는데
애달픈 뱃고동 소리에
잠 못 이루는 마닐라 베이의 밤이여.

김 백

공간마당

- 월간 《문학공간》으로 등단
- 양산시인협회 회장
- (사)한국시인연대 이사
- 한국문인협회, 창작21작가회 회원
- 시집으로 『자작나무 숲에 들다』
- kbcin@hanmail.net

- 소나무 분재
- 사랑이란 문장
- 그리움의 색깔은
- 가을이 와서
- 겨울 나목처럼

소나무 분재

화초에 물 주고 돌아서는데
누군가가 바짓가랑이 꼭 붙잡는다
지난해 캐나다로 이민 간 옆집에서
잘 키우라며 두고 간
늙은 소나무 분재 한 그루
험한 세상 만나
땅 한 번 디뎌 보지 못하고
묶이고 잘리고 뒤틀리고
어디 성한 곳 하나 없는 생채기투성이다
그래도 봄 오고 때 되면
새순 밀어 올릴 줄은 알아
어디 기댈 곳 하나 없는
허공을 붙들고 놓지 않는
저 생의 독기
나 살아오면서
저런 속박 없는 삶 있었던가
내 손이 먼저 알아차리고
사슬 풀어
풋풋한 땅바닥에 심어 놓는다.

사랑이란 문장
―아침 편지 · 1

내 작은 창가에도 가을이 와서
그리움을 노크합니다

찻잔 속 온기가
행려行旅의 몽환夢幻처럼 식어 가는 밤
흐린 불빛 시집을 덮고
사색의 여정을 떠납니다

가을엔
그리움이란 문장을 자주 만나서

그리움이란 문장을 만나면
왜 그리도 휘청거려지는지
가을 잎처럼 쓸쓸해지는지.

그리움의 색깔은
―아침 편지 · 2

그리움에 색깔이 있다면
그건
어둑한 눈길 속으로 사라지던 머플러 같은
쓸쓸한 블루일 것입니다

늘 가시처럼 목에 걸리던 슬픔도
지독하게 소화되지 않는 고독이란 놈도

오늘 저녁 식탁의 메뉴가
온통 블루인 걸 보면

내 영혼의 색깔도 분명 블루일 것입니다.

가을이 와서
―아침 편지 · 3

한 잔의 커피를 놓고
버지니아 울프를 생각한다

한 잔의 커피를 놓고
베르테르의 슬픔을 생각한다

한 잔의 커피를 놓고
시몬의 낙엽을 생각한다

버지니아 은빛 강가에도
목련나무 그늘에도
숲으로 가는 작은 오솔길에도
낙엽 지는 가을이 와서
우리의 그리움에도
서걱이는 가을이 와서.

겨울 나목처럼
—아침 편지 · 4

무서리 앉은 지붕마다
겨울이 깊어 갑니다

가랑잎은 온기를 찾아 온밤을 헤매고
옷깃을 여미던
그리움이
가랑잎처럼 차곡차곡 쌓여만 갑니다

그리움이 가벼워지기 위해선
저 겨울 나목처럼 가슴 한 켠에
아물지 않는 생채기 하나쯤
그렇게 품고 살아야 하나 봅니다.

공간마당

김 복

- 월간 《문학공간》으로 등단
- 한국문인협회, (사)한국시인연대, 구로문인협회 회원
- com625@hanmail.net

- 허울 좋은 바이오 금팔찌
- 실과 바늘처럼
- 호박꽃
- 시인 부인네 속내
- 숨 쉬고 있던 추억

허울 좋은 바이오 금팔찌

나이 먹어 철든다는 말 있건만
지천명 나이건만 세상 물정 꿰뚫어
보지 못하고 있으니 어찌하면 좋을까

몸이란 놈 날씨가 궂은날이면
노화 현상으로 온몸이 쑤시고 아프다
이럴 때면 병원 신세를 지고 죄 없는
엉덩이 간호사 손끝에 매달린 침 세례
받고 집으로 오는 길에 한 젊은이가
노점 좌판을 펴놓고 금반지 팔고 있었다

그것은 혈액 순환 잘 돌게 하고 엔도르핀
생산 물론이고 만병 치유된다는 말에
사로잡혔다 뿐만 아니라 백화점에서 30만 원
판매하는 것을 회사 사정상 3만 원에 팔겠다니
참으로 용익하고 신비스러운 물건 같아

내 몸 치료하는 데 도움될 것 같고 해서 바지
주머니 속에서 머뭇거린 돈을 꺼내어 그것을
사 들고 집으로 돌아와 저녁 식사 때 온 집안

식구들과 금팔찌 이야기로 웃음꽃 피웠고 나는
행복하였다 그 후 지금도 몸이란 놈 아플 때면
금팔찌 끼고 병원에 간다.

실과 바늘처럼

옷자락만 스쳐도 인연인가
그리 깊지 않게 맺었던
이승 인연들 전생前生 수억 번
도포자락 스쳐 바위 옷 허물
벗기듯 우리 모두 인연 닿아
시작되고 이 연 다하면
먼 길 떠난다는 것을 주름진 인생
늘그막에 알 듯하여라.

호박꽃

그 꽃 그리 예쁘지 않다
그러나 오래전 옛 어머니
내음 닮아 사랑스럽다
그런 그녀가 호박꽃 같다.

시인 부인네 속내

어느 모임
부부 동반하는 날
서로 수인사 나누고 화기애애한 정담情談
오고 가던 중 곁에 있던 영희 엄마
듣기 좋은 말 저런 시인하고
같이 살면 삶 자체가 모두 시처럼
아름다운 낙원이지 않겠냐는 것이다
이 말을 듣고 속이 불편해진
마누라 예 그렇습니다
내색은 못 하고 꾹 참고 집에 돌아와
알아듣지 못할 말로 혼자 구시렁구시렁
지가 시인하고 같이 살아 보았냐~고
삶의 모두가 시처럼 아름다운 낙원인가?

숨 쉬고 있던 추억

빈
헛간 지키고 있는
지게 있다
그것 아버지 등에 난
혹 뿔 같다
자꾸 잘라 내도
자라던 그 상처는
근심 걱정 뿔 같기도 했다
그것 그냥 두고 먼 길
떠나갈 때 왜 뒤안길 돌아
보지 않았겠는가. 그래서 그
아픈 마음 데리고 마당으로
나왔더니 속삭이면
저 토방 밑 낡은 홍아표 검정
고무신 한 짝 풀썩이는 먼지
온몸에 덮어쓴 채 기약 없는
세월 속에 임 발자국 소리
기다리면 꾸벅꾸벅 졸고
있다고….

김선아

공간마당

- 월간 《문학공간》으로 등단
- 한국문인협회, 한국시인협회, 한국여성문학인회 회원
- 부산여성문학인협회 사무국장, 《여기》 편집장
- 부산불교문인협회 재무차장
- 부산문학상 우수상 수상, 실상문학작가상 수상
- 시집으로 『비 내리는 바다』
- rlatjss@hanmail.net

- 두물머리를 내려다보며
- 세한도
- 가고파
- 국화차 앞에서
- 몽당붓

두물머리를 내려다보며

어디선가 팔 부 능선 글씨를 풀며
조선의 세조 서거정 다산 초의 추사
임들의 혼이 다녀오시는가

물소리가 낳았다는 수종사 나무 찻방
햇살처럼 건너는 햇세작 잔에
담수 같은 목탁 소리 다리를 놓는다

울긋불긋 환한 세상 사람들아
옹기종기 도량에 굴절 같은 헌심
넉넉히 보시하지 않으시려나

흰 강 흰 하늘 흰 현판 흰 서까래 흰 등 흰 북
여러 새소리마저 호미질한다
흐름을 잃은 검은 물도 함께 깨어나고 싶다.

세한도

고르지 못한
천지 절해에

소금 같은 지붕 한 채
돛대 같은 나목 너덧

이밥도 없는데
겨울이 휩쓸고 있다

곧고 여린 흑과 백이
사이좋게 기우는 비밀 한 점

허물지 못한
명백한 귀띔.

가고파

말 없는 바다에 귀를 대어 보면
잠결에서도 손가락 걸며 엮던 노래가
물살에 물살을 되짚으며 밀려온다

목젖에 올라붙은 이야기들을
손바닥에 올려놓고 헤아려 보니
가녀린 내 마음의 고향의 골짜기로
끝없이 빠져드는 향취

무엇이라서 말리랴
심연의 바다에서 피어난 파도는
시공을 오가며 질그릇 굽듯
옹이 지고 있는데

언제쯤일까
바다의 잔으로 건배할 그날은
고향 볼 적에는.

국화차 앞에서

황토 향 그윽한
가을 차방

질항아리에 꽂힌
노억새

바람도 자는데
마음 하나 흘리듯
뜨거운 물 따르면

이내 그리움의 옷을 벗는
노란 꽃잎

하나씩 둘씩
펼치는 조막손.

몽당붓

모란 속에 몸을 담근
꿀벌 향기를 찍었다가

휘어진 대나무 등허리에서
쉬는 두루미가 되었다가

일인칭
이인칭
삼인칭
운을 띄우다
해지면 홀연히 버려지는

검은 혼 걸어 두고
소솔히 잠기신 당신
나이를 두었네요.

김태수

- 월간 《문학공간》으로 등단
- 중국 장가계서화원 고문
- (사)한국서화예술협회 이사장
- ildotsk@dreamwiz.com

공간마당

- 춘분날
- 단풍
- 묵향
- 다시 불러 본 아버지
- 구름 속 천교天橋

춘분날

젊은이 반소맨데 늙은이 내복이라
서울은 비 내리고 영동은 폭설이라
여 저기 추위와 더위 명암으로 나뉜다

태양이 남쪽에서 북으로 머리 하여
황도黃道와 적도赤道가 교차하는 춘분점에
적도를 통과하는 날 오늘이 춘분이라

태양의 양陽과 음陰이 정동正東과 정서正西에
음양이 서로 반半에 낮과 밤 같은 길이
이날은 추위와 더위 양쪽 모두 같단다

겨울은 물러가고 새봄이 찾아오니
경칩과 청명 사이 꽃 소식에 놀란 눈[雪]
춘분날 앉을 곳 몰라 빙빙 돌며 헤맨다.

단풍

드높은 창공에
수놓는 새털구름
설악雪嶽의 얼음 소식
화면 뚫고 나오는데
아름답던 청포青袍는
어찌할꼬

청아한 가슴속에
그리움만 안은 채
나그네 따른 엽무葉舞
너울너울
길을 막는다

청사등롱青紗燈籠 모양 하고
홍목당혜紅目唐鞋 발 내미니
조신스런 이내 마음
쓸쓸함만 더하다.

묵향

오늘도
궁창穹蒼에
금 햇덩이 반기지만

검은 물에
하얀 혼을 담아
내 꿈을 심는다.

다시 불러 본 아버지

관촉(논산시)을 떠난다는 그날
어둠이 깔릴 무렵에야
눈 쌓이고 차가 끊겨 못 오신다는 전갈이 왔다

다음 날 오신 아버지
흰 눈 쌓인 동구 밖 텐트에 머물며
집에도 못 들어오신 아버지 앞에서
열다섯 된 나는 잠들도록 울었습니다

인도 덮친 무면허 청년에 의해
말없이 눈만 뜨고 계시다가
어머니의 손길로
겨우 눈을 감으시고
삭풍이 노래하는 엄동 삼동에
뒷산으로 말없이 가셨지요

이제 날씨가 풀렸으니
가뭇없이 불러 본다
행여나 지금이라도
오시면 좋겠는데.

구름 속 천교天橋

암봉간岩峰間 머흘 구름 용처럼 달려들어
온몸을 에두르고 사오납게 대들지만
꿈같은 천하제일교※ 가경佳境에 빠져 본다

구름에 밀리다가 어필봉御筆峰에 인사하고
연운煙雲 속 천자각天子閣서 망루 삼아 쳐다보니
꽃을 든 봉두 선녀가 살갑게 미소 짓네

바람에 밀린 선운仙雲 멀고도 표묘縹緲하고
운무雲霧 속 남인산男儿山은 애지게 님을 찾다
여인수女儿水 새 짝을 만나 서로 정을 나눈다.

※천하제일교: 중국 원가계袁家界에 있음.

박근모

공간마당

- 월간 《문학공간》으로 등단
- (사)한국시인연대 고문
- (사)한국예술문화연구원, (사)경기원로회 부이사장
- 한국문인협회 회원
- 문학공간상, 세종문화예술대상, 일붕문학상 외 다수 수상
- 시조집으로 『봄내골 가는 길』, 『아름슬픈 금강산』, 『어별다리』, 『못다 한 말의 에움길』
- 저서로 『춘화가향 사랑가』
- kmp41@hanmail.net

- 주왕산周王山 탐방
- 소백산 등정기
- 만폭동
- 내 고향 봄내 골
- 촛불

주왕산周王山 탐방

검푸른 산등으로 부서지는 햇싸라기
기암旗岩의 품에 안겨 미소 짓는 대전大典의 뜰
땀방울 찍어 가면서 심어 보는 사라쌍수沙羅雙樹[1]

주왕산 정수리에 발자국 새겨 가며
칼등을 밟고 내려 폭포수에 목 축이니
선녀가 나래를 편 듯 물보라를 토해낸다

시루봉 급수대가 이마를 마주 대고
무지개 타고 내려 선학들이 춤을 추는
학소대 청학의 둥지 알을 깨는 줄탁 소리

주도周鍍[2]의 한이 서린 약수를 퍼마시고
수달래 붉은 향을 가슴속에 묻어 가며
마장의 화살을 뽑아 가학루駕鶴樓에 꽂아 본다.

1) 사라쌍수: 석가가 열반한 자리에 서 있던 사라나무.
2) 주도: 자칭 후주대황이라는 동진의 왕족이 일만여 병졸을 거느리고 당나라에 반란을 일으켰다가 패하여, 천여 명의 군마를 이끌고 도망쳐 이곳 주왕암 뒤 석굴에 숨어 있다가 신라의 마일성 장군이 쏜 화살에 맞아 최후를 마쳤다고 하며, 후세에 이 석굴을 주왕굴이라 칭하게 되었다고 함.

소백산 등정기

동서를 가른 물길
남북을 지른 산길
배달의 넋이 서린
백두대간 등마루턱
연화봉 꽃길을 따라 비로봉에 올랐어라

봄에는 철쭉으로
여름엔 야생화가
군락을
이루면서 자생하는 아고산대[※]
드넓은 초지에 어린 신선들의 숨은 손길

소백산 북사면에 자생한 주목 군락
칼바람
삼킨 세월 살아 천년 죽어 천년
속살을 태워 가면서 서릿발을 녹인 숨길.

※아고산대: 해발 1,300m~2,500m의 지대로 고산대와 저산대 사이
 에 있으며 아한대 기후대임.

만폭동

검은 듯 푸른 것이 푸른 듯 검은 것이
물인 듯 하늘인 듯 깊고 짙은 담소여라
세상을 집어삼킬 듯 입을 벌린 흑룡담

비취를 갈고 닦아 은실을 꿰어 단 듯
담소로 엮어 달은 신비로운 만폭팔담
가슴을 쓸어내리며 용틀임을 치는 우금

팔백여 설운 객이 팔담에 돌아드니
만폭의 수정 물살 쪼아내는 오만간장
화룡이 토해낸 불길 타오르는 보덕암

백운봉 정수리에 피어나는 목화구름
마하연 사른 터에 감아 도는 검은 이내
울소에 울려 퍼지는 삼형제의 통곡 소리

등지고 달린 세월 합치면 두 갑자라
보는 것 듣는 것이 생각부터 다른 이방
표훈사 불전에 들어 하나이길 빌어 본다.

내 고향 봄내 골

소양강 모진강母津江[1]이 의암衣岩에 안긴 호반
삼악산 오봉산이 구봉산에 엮인 산울
봉황이 나래를 접고 둥지를 튼 봄내 골

산 높고 물이 맑은 소양호 안자락에
청평사 목탁 소리 구성폭九聲瀑의 수탁 소리
회전문 윤회전생輪廻轉生을 빌어 주는 거북바위

안개를 가르면서 새벽을 여는 사공
바람을 타는 물결 노를 젓는 청둥오리
봉의산 앞뜰에 내려 부서지는 햇싸라기

신선이 학을 타고 하늘에 오르는 길
뒤틀린 바위틈새 틀어 죄며 닫는 물살
삼악의 드높은 기상 뿜어내는 등선登仙폭포

구곡의 빙벽 등반 강촌을 태운 열정
젊음을 사르면서 꿈을 키운 추억의 강
도도히 흐르는 젖줄 신연강新延江[2]의 푸른 정기

남이섬 너른 뜰에 황금빛 은행 잎새
용준의 겨울연가 불을 지핀 남이 장군
장부의 기개를 밝힌 남아 이십 미평국[3]

보랏빛 자주감자[4] 향기가 넘치는 골
대대로 땅을 갈고 땀을 심는 보석바위
샛노란 개나리꽃에 묻어나는 이웃 사랑

하늘이 지은 성곽 천혜의 요새지로
겹겹이 둘러 있는 성벽같이 높은 산뻘
예맥이 도읍을 정해 천만세를 살렸더라.

1) 모진강: 양구 화천을 거쳐 의암호에 이르러 소양강과 만나는 지점까지의 북한강의 상류를 지칭한 명칭임.
2) 신연강: 북한강이 소양강과 만나는 부근부터 덕두원 위까지 이르는 부분은 대바지, 덕두원 아랫부분은 신연강이라 함.
3) 남이 장군 시비에 "白頭山石磨刀盡 豆滿江水飮馬無 男兒二十未平國 後世誰稱大丈夫" 즉, 백두산 돌은 칼을 갈아 없애고/ 두만강 물은 말을 먹여 없애리라/ 사내 나이 이십 세에 나라를 평정치 못한다면/ 훗날 누가 있어 대장부라 칭하랴? 함.
4) 자주감자: 자주감자의 품종명으로 춘천 재래종임.

촛불

촛불을
밝히면서
울분을 삭였었고

지축을 울리면서
하늘임을 고하였다

주인을
섬길 줄 아는
머슴이길 바라며.

※2008년 이명박 정부가 미국과 쇠고기 수입 협상을 하면서 쇠뼈나 내장을 비롯해서 30개월 이상 된 쇠고기까지 수입을 허용하기로 하고, 검역 주권까지 양보하였다. 이에 자존심이 상한 국민들이 날마다 촛불을 들고 시위 집회를 하였다.

신세현

- 월간 《문학공간》으로 등단
- (사)한국시인연대 회원
- sseh45@hanmail.net

공간마당

- 수하소회首夏所懷
- 초하初夏
- 설인雪人
- 춘설春雪
- 존명存命

수하소회 首夏所懷

봄이 다 가도록 그냥 지나치던 길
인도와 차도의 경계석 따라
왕고들빼기* 노란 꽃 홀연히 피어 있다
물도 흙도 없이 먼지 속에 살아남아
아스팔트 위에 꽃을 피우다니
생존의 아픔이 잎새마다 남아나고
처연한 삶이 꽃잎에서 전해 온다

6·25의 포성이 멎은 후
전란이 남겨 놓은 황폐한 대지 위에
이 땅의 부모들은
육신이 해어지도록 일하며
길섶에 쌔똥 풀처럼 살다 떠났다
우리는 그들을 잊고 산다

안주할 수 없는 풀꽃
꽃 피우고 스러지려나
저만치 미화원 삽 들고 다가온다.

※왕고들빼기: 국화과 두해살이 풀로 속명은 쌔똥, 산과 들에 분포하며 식용으로 꽃말은 모정이다.

초하 初夏

농가의 비옥한 채마밭에
하룻밤 새
옥수숫대 한 뼘씩 자라고
밭두둑에는 하얀 감자꽃
명지바람에 고개 자주 흔든다

싱그런 생명의 초여름
바람 가볍고 햇빛 새로운데
잘 자란 푸른 소채밭을 보니
마음은 절로 뿌듯하고 청신해져
가던 길 잠시 멈추고
남의 밭둑을 이리저리 둘러본다

적적寂寂한 세월
나직이 떠오는 흰 구름에도
하고 싶은 말 있는 듯 반기는
흰머리 성긴 노인이
점점 쇠잔衰殘해지는 기력에
마음을 잇대어 생기를 채워 줄
초록빛을 찾아 나선다.

설인雪人

새벽빛 조금씩 밝아 오고
백설 덮인 치악산 근엄하게 다가서니
심기 여린 회색 달 서산으로 기운다

세상은 헝클어져 어수선해도
눈 온 뒤에 대지는 흰빛으로 하나가 된다
겹겹이 내려앉은 강변 눈길을
동행 없이 홀로 걸으며
순백의 고요와 담백한 산야에 담긴
천지 기운 가슴 가득 채우니※
마음은 날아갈 듯 하늘로 솟아오른다

잠시나마 은빛 설원에 서서
다툼을 버리고 문명을 털어 낸
무지無知하지만 여백 있는
원시의 설인이 된다.

※숙종 때의 사상가 김창협金昌協의 한시 〈새벽 풍경〉에서 인용.
 "일기미금차一氣彌襟次"

춘설 春雪

봄기운 재촉하는 계절
청명清明이면 4월인데
조석으로 찬 기운 여전하고
들락이는 날씨는 눈발이 잦다

화순花脣 가득한 가지 위
설풍雪風에 실려 온 겹눈이 수북하고
눈송이에 눌린 꽃망울 푸념이 한창이다

아침 거른 노숙자 거친 어투로
시도 때도 없이
시절 모르고 눈 온다며
애먼 꽃나무 걷어차 화풀이하는데
어찌된 일인지?
꽃순 가지들 지나던 바람 빌려
고맙다는 수인사한다

길 가던 행인 의아해하나
나는 웃을 수밖에….

존명 存命

부산한 버스 정류장 뒤편
팔순 노부부의 좌판에
텃밭에 야채들이 일렬로 앉아 있다
장사랄 것도 없고
못 팔아도 서운할 것도 없는

할머니 좌정하고 할아버지 서성인다
분주한 네거리를 바라보는
노인의 얼굴이 돌하르방처럼 검다
탁한 노변이 대수인가?
이 나이에 성한 다리로 사는 것도
하늘이 주신 복 아닌지

이제는 밤사이 존명이 갈리는
하늘과 땅의 경계에 살면서
날 새면 거동하여
길 위에 흐르는 삶을 보며
남은 생을 보내는 것도
하늘이 주신 운運 아닌지

오늘도 내자와 함께 길로 나선다.

우성영

공간마당

- 월간 《문학공간》으로 등단
- (사)한국시인연대 회장
- (사)한국예술문화연구원 원장
- 경기헤럴드 논설위원
- 대한민국서예공모대전 심사위원장
- 홍조근정훈장, 국무총리표창, 경기도문학상 수상
- 시집으로 『여백지우기』, 『인연 익히기』 외 다수
- 저서로 『병영서신』(1969)
- dongamsy@naver.com

- 참새와 노스님
- 죽으면서 산다
- 아내의 소원
- 대화의 오류
- 고향

참새와 노스님

아침 공양 때맞춰 참새 몇 마리
보리수 가지 사이 햇살 비치면
노스님께 문안 인사 여쭙듯
자작자작 마루 끝에 앉는다

밥 한 숟가락 공양 보시
일체중생 개불성이니
참새 보살님들 성불하여라

전설 같은 이야기 익어 갈 무렵
노스님 등 뒤 족자簇子 속에는
사가捨家 마을 맴돌던 뻐꾸기 울음

절집 마당 비켜서면
종각 옆 코를 괜 목어 한 마리
바람 타고 떠도는 풍경 소리뿐이네.

죽으면서 산다

입만 열면
죽겠다던 사람
지금쯤 죽었을까

즐거워 죽겠다
기분 좋아 죽겠다
종각역까지 가는 동안
곱씹어 몇 번을 더
죽으며 살았던 사람

헤어지면서도
만나서 반가워 죽겠다

죽음과 삶 분별 없어
생사는 본래부터
한 줄기로 태어났던
같은 뿌리였던 탓이런가.

아내의 소원

나의 소원 나는 잊었다
참으로 멍청한 대답이다

왜 없겠는가마는
자질구레한 일들 많아서
다 기억하지 못할 뿐인데

아내의 소원은
그저 지금처럼 살다가
영종슈終하는 것이란다

이토록 명료하다
너무나도 간단한 이치다
이 쉬운 것을 나는 왜 몰랐을까

내일은 만사 뒤로 미루고
오래된 영화 상영관에
잔주름 진 아내 손잡고 가야지.

대화의 오류

유치원 봉오리 꽃들
백발에게 안~녕하세요
그래 예쁜 문동文童들아

이 할아버지 미쳤나 봐
우리보고 욕해요

그럼 문동 되지 말고
탤런트나 가수 되어라
예 감~사~합~다.

흰색 상복喪服도
이미 검은색인데
세속 거스를 수 있으랴

세월은 저 멀리
영嶺을 넘고 있는데.

고향

늙은 고향 친구가
택배로 산나물을 보내 줬다

그때 그 시절
산골짝마다 흐르던
작은 개울물
돌 밑에 숨었던 가재들
모든 기억 하나하나
빼놓지 않고 담아 보냈다

택배 상자 열었다
거기엔 희뿌연 하늘과
말라 버린 개울뿐이고

산나물만 그때 그대로이네.

이귀선

공간마당

- 월간 《문학공간》으로 등단
- 한국문인협회 평택지부 회장
- 한국문인협회, 한국작가, 울릉문학 회원
- 시샘 동인
- 경기도문학상(공로상) 수상
- lsun602@hanmail.net

- 수용지구·1
- 수용지구·2
- 구제역
- 구제역 그 후
- 길 위의 장례식

수용지구 · 1
―땅 투기

들끓는 인파 속
개발이란 단어 앞에
부동산 업자들 두 눈을 번쩍이며
특별 분양을 외치며 하루를 시작한다
포클레인에 찍혀 두 동강 난 집과 건물들
케케한 먼지 사이로 화사한 들꽃이 아름답다
지난밤도 네 식구 보금자리가 있었는데
사글셋방이라도 행복한 날들이 있었는데
내리치는 쇠기둥 낙뢰로 서늘하고
저무는 가슴속 둥근 파문이 일렁인다
주인이 떠난 빈 터전엔 누렁이의 울음소리
으슥한 골목을 술렁이며 배회하고
비탈진 산기슭 낡은 토담집에
가슴 찢긴 돌배나무 울음을 매단다
그날 이후 삼각 사각 짐 꾸러미들
빌딩 숲속으로 무거운 발걸음을 옮겨 간다.

수용지구 · 2
—부동산 투기

특별 분양을 외치던 개발 지역
부동산 투기 바람이 거세게 불던 오후
휘리릭 휘리릭 초고층 아파트
쩐에 휘감긴 새 한 마리 부딪혀 떨어진다
허공을 배회하는 바람에 떠밀려 햇살에 미끄러졌다
투기의 발작 증세로 서투른 비행에 인생의 커튼을 내렸다
이승과 저승의 영혼이 서로 뒤엉켜 통곡 소리가 요란하다
세상이 가혹하다 탓하며, 한 장의 소지장을 올린다
달은 만삭이고 시퍼렇게 녹슬어 흘러내리니
한 송이 국화꽃은 전등 불빛에 몰골이 앙상하다.

구제역
―살처분 바이러스

세상을 휘젓던 바이러스
진원지를 알 수 없는 바람이 물결을 이룬다
가녀린 영혼들이 서로 부둥켜안고
수의에 통곡의 한을 그리고 있다
붉고 푸른 빛살 무늬 조각들
달빛에 외로운 영혼을 부른다
살아 있어 처절하고 불쌍한 영혼들을
차마 떠나지 못해 온몸으로 요동을 치고
기둥에 묶였다 빠져나간 머니들의 흔적
이승과 저승의 통곡의 빗금을 친다
깃을 세우고 대항하던 바이러스
이별의 메시지는 세상을 뒤흔들었고
뭉클한 혼불 서럽게 서럽게 먼 길 떠나간다.

구제역 그 후

햇살과 바람이 깊게 스민 한낮
삶의 향기에 온몸이 물이 든다
품에 안기는 따뜻한 온정
나눔의 물결로 일렁인다
구제역으로 불쌍한 영혼들이
겹겹이 흙 속으로 스며들었고
땅속이 곪아 터질 듯 자맥질을 했다
누군가 깊은 희생이 있었기에
누군가 괴롭고 힘든 나날이 있었기에
뒤엉켜 버린 시간은 지나고
제 안의 은밀한 수군거림으로
들꽃 몇몇 피어난다
인간을 향한 절규도 꽃으로 승화되어, 떠나갔던
곳으로 되돌아와 겹겹의 숨결로 피어난다
고운 햇살 다정한 속삭임 자지러지는 향기로.

길 위의 장례식

대추리 가는 도로변에
납작 누워 있는 개 한 마리
터진 배를 펼쳐 놓은 개의 머리는
건너려 했던 길 저편을 향하고 있다
먼저 건너간 어미 개와 새끼 강아지들
소리 높여 울부짖는 소리 요란하다
아비 개를 부르는 새끼 강아지들 울음소리
아비 개의 눈동자는 건너려고 했던 저편,
어미 개와 새끼 강아지들의 모습이 담겨 있고
길 건너편 가족이 있는 곳을 향해,
이승의 마지막 모퉁이를 더듬고 있었다
아비 개는 마지막 힘을 다해 눈을 감는다
개의 죽음은 어둠 속으로 사라지고
슬픔은 소리 없는 안개로 잔잔히 내린다.

이근모

공간마당

- 월간 《문학공간》으로 등단
- (사)한국예술문화연구원 부이사장
- (사)한국시인연대 이사
- 평택문학회 회장 역임
- 한내문학 회원
- 한국문인협회 회원
- 시집으로 『서해대교 바람결에』, 『길 위에서 길을 찾아서』
- leekm1939@hanmail.net

- 잎의 알몸
- 해저 터널을 걸으며
- 경로당 가는 길
- 건널 수 없는 다리
- 호미

잎의 알몸

첫추위가 오면서
엉덩이 하나 붙여 볼 자리 없이
차가운 알몸이 되어 갑니다

여름 불볕 속에 뛰어들어
하늘 높은 줄 모르고
세상 넓은 줄 모르도록 활개를 치며
숲과 초원을 겹겹이 누비질하던
우듬지와 잎이
하나같이 차가운 알몸이 되었습니다

잎 하나 만져 본
허전한 손끝이
그 쓸쓸한 여생 길 차가움에
풀벌레처럼 깜짝 놀라 떨고 있습니다.

해저 터널을 걸으며

통영의 명소
해저 터널을 걸어 본다
용왕님의 왕궁에 가는 길처럼
마음 설레며 해저 터널을 걸어간다

비행기를 타고 하늘 구름 속을 가 보고
차를 타고 산 터널을 오갔으나
오늘은 통영의 해저 터널을 걸어간다
갈매기 날고 고기 떼들이 헤엄치고
배들이 큰 물살을 가르는 해류 아래
땅을 이고 바다를 이고 하늘을 이고
저 아래 바닷속 해저 터널을 간다

나는 이참에
세상살이 궂은일 많은 몸뚱어리를 욱여넣고
허물을 모두 벗어 버려야겠다
나라 안팎으로 왜 이리 시끄러운지
가면 쓴 그런 것들도 벗겨야겠다

천상에서 해저까지

덤에 덤을 더하여
층층이 큰 기를 모두 받았으니
더더욱 밀물 썰물에 단장하고
이제부터 세상 밖에 나가면
허물을 말끔하게 벗어 버린 사람으로
무병장수를 누리리라.

경로당 가는 길

아침 겸 저녁 겸
고봉의 점심밥 한 사발 받아 들고
꿀맛 끼니를 따끈따끈 나눠 본다
세월도 가고 인생도 가고
사그라지는 육신 젊음으로 되살려 보며
서로서로 불러내고 손짓하며
걸을 수 있는 날까지 경로당에 간다

자식들도 멀어져 가고
친구도 친척도 멀어져
갈 곳 없고 찾아 주는 이 없어
짧은 여생 길 이야기만 도란도란
우리들만의 유일한 만남 자리 경로당에 간다

이제는 앞길 뒷길
다 서려 놓은 길일지라도
우리들만이 살아 보아
우리들만이 아는 인생
내리감기는 눈빛 아래
경로당에 가는 길은

이렇게나 석양빛으로 저물어 가는 세월이지만
치열하게 살아온 한평생이 그리워
불러 보며 손짓하며
걸을 수 있는 날까지 경로당에 간다.

건널 수 없는 다리

내 다리가 무척이나 많은
다양한 다리를 건너다니네
외나무다리 징검다리
강물 다리 바다 다리
수많은 다리 위에서
만 보를 헤어 가며 건너다니네

그대의 다리를 건너기 위해
한평생 그리움을 안고
여기저기 수많은 다리를 건너다녔으나
임과의 다리는 놓여지지 않아
건너갈 수가 없네

쓸쓸한 날
임에게로 가는 다리가 이어질 수 있도록
오늘도 삼만 보를 헤어 가며
다리 위를 건너가고 있네
덧없이 흘러가는 다리 위에서
그 많은 난간을 부여잡고
임의 노래 부르며 바라보고 있네.

호미

굳은 땅을 긁어 북돋아
곡식과 구근과 채소들이 무럭무럭
자연 식생활이 풍요롭다

단순 호미 끝에
구름처럼 일어서는 밭작물은
흙과의 친화적인 삶을 누리도록
건강 밥상을 만끽하게 한다

표토 위에 춤추는 호미는
훼손 없는 농경지를 살찌워 주며
어떤 첨단문명에도 구애받지 않도록
조상님이 대대로 물려주신 뿌리 깊은 유산

어부를 지켜주는 닻처럼
농부를 지켜주는 호미여.

이유미

공간마당

- 월간 《문학공간》으로 등단
- (사)한국예술문화연구원 부이사장
- 한국시인연대 회원
- 배계주기념사업회 회장
- 일송기념사업회 회장
- 시집으로 『당신은 가고 꽃으로 남았나』

- 길 · 1
- 죽는 것과 살아 내는 것
- 어머니 어머니 · 1
- 어머니 어머니 · 2
- 재두루미 · 2

길 · 1

발길 닿는 곳
어디라도
내가 가는 곳이 길이었지

언제부턴가
선을 그어 버리고
규칙에 따라 길을 가야 한다

외길, 2차선 길
양방향 길, 일방통행 길
교차로, 유턴하는 길

인생도 찻길처럼
때로는 고속도로
때로는 비포장도로

때로는 교차로
때로는 막다른 길
때로는 일방통행.

죽는 것과 살아 내는 것

하루하루 살아 내는 것이
매일매일 나를 죽이는 것일 수도 있고

한 번 죽는 것이
매일매일 누군가에게서 살아나는 것일 수도 있어

죽는 것과 살아 낸다는 건
서로 상반된 것 같지만 가까운 거야

죽음을 두려워하지 마
살아 내는 하루하루가 더 두려울 때도 많아

네가 품으면 사라진 사람도 살아나고
네 맘에서 지워지면 곁에 있어도 영영 사라지는 거야.

어머니 어머니 · 1

어머니
어느 날 친정에 가 보니
큰 박스 여러 개가 배달되어 있었어요

귀가하는 가족마다 그게 뭐냐 물었지요
어머니는 겸연쩍은 미소를 지으시며
그릇 좀 샀다 그러셨지요

내용인즉 그랬어요
공짜 온천 관광을 보내 준다기에 친구들 따라나섰는데
온천하고 불고기에 밥까지 잘 대접 받고
그릇을 강매 당했던 거지요

마음 약한 어머니는
공짜로 받은 호의가 미안해서
그 그릇 박스를 되돌려 보내지 못하셨어요

아버지는 못마땅한 듯한 말씀하시고
자식들마저 공짜 여행에 현혹된 어머니를 질타하다 보니
어머니는 차마 그 그릇을 사용하지 못했습니다

변변한 그릇도 없는데
아직 과년한 딸들이 여럿이니
앞으로 결혼 같은 대소사에 쓰려 했다 중얼거리셨지요

둘째의 혼사도 치르기 전
당신은 서둘러 저세상으로 떠나셨어요
그리고 불효자식들은 그 그릇으로 당신의 장례를 치렀습니다

어머니 어머니
아버지의 박봉으로 다섯 남매 키우시느라
어디 한번 변변하게 놀러 가지도 못하셨는데

친구 따라 나섰던 그 온천 여행에서
행복하셨을 당신을 생각하니
눈물이 하염없이 흘러내립니다

살 맞대고 살았던 남편도
젖 먹여 키웠던 자식들도 해드리지 못했는데
당신 여행 보내 준 그 업자가 한없이 고마워요

당신이 긴긴 세월
묵묵히 사랑과 희생으로 가꿔 왔던 가정은
당신이 가시고 쓸쓸한 바람만 불었습니다

뱉어 낸 말은 다시 주워 담을 수 없어요
다시 한 번 당신을 만날 수 없는 것처럼
어머니.

어머니 어머니·2

자식들 다 키우고
있으면 있는 대로
없으면 없는 대로
지금 어머니들은 인생을 즐기며 산다

경로당에도
여행길에도
음식점에도
어디를 가나 어머니들이 넘쳐 나는 세상이다

아버지는 퇴직 후
초라해진 어깨로 살아가지만
남편 먼저 보내고도
홀로도 당당히 살아가는 어머니들이다

자식들이 못 챙기고
나라에서 안 챙겨도
스스로 멀쩡한 사지 움직여
알뜰살뜰 사는 어머니들의 주머니는 비지 않는다

홀아비 삼 년이면
이가 서 말
과부 삼 년이면
구슬이 서 말이라 했던가

자식새끼 키우느라
충분히 고생했다며
손자손녀 봐 달래도 당당히 거절하는
냉정하고 현명한 어머니가 많아졌다

군불 때는 아궁이가 연탄 보일러로 바뀌어
따신 물 좔좔 나와 자식새끼들은 편했어도
시도 때도 없이 불 꺼질세라
아우슈비츠 독가스실에 목숨 걸고 들어가신 어머니

잊지 말고 연탄불 갈아라
외출하시며 신신당부하셨는데
보일러실에 들어갔다가 질식해 죽을까 봐
뚜껑도 닫지 않고 뛰쳐나온 불효 큰딸

바보처럼 자기밖에 모르는 자식들 챙기시다
고생스런 이 세상 뒤로하고
일찍 저세상으로 가신 내 어머니
말씀처럼 가신 곳이 천국인가요? 어머니

요새 어머니들처럼 자기 몸도 챙기고
화장하고 놀러 다니지 그러셨어요 어머니
어머니 계신 그곳 속 썩이는 자식새끼들 없어
정말 천국인가요? 어머니.

재두루미 · 2

긴 여행길에 피곤해서 그랬는지
술 취한 사람처럼 벌건 눈을 하고는

못 먹어서 그랬는지
거식증환자 같은 가녀린 다리를 하고는

추수 끝난 황량한 겨울 들판에서
짝을 지어 벼 이삭 주워 먹다가

강가 모래톱에서 쉬다가
철원평야를 유유히 날아다니는구나

굶주려도
떠돌아다녀도

결코 헤어지지 않고
백년해로百年偕老하는 너희가

정말 기특하다
나는 참 부럽다.

이종수

- 월간 《문학공간》으로 등단
- (사)한국시인연대 회원

공간마당

- 푸념
- 아무르
- 폭우
- 지리산 뱀사골에서
- 섹시한 사과의 말

푸념
―춤추는 키다리 풍선의 말

바람피우기로 말하면 나를 따라올
사람이 없어 거짓말이 아니야
날만 새면 춤추고
바람피우는 게 내 특기니까
어쩌다 비 오는 날이나 눈이 내리는 날은
도무지 힘을 못 쓰겠어
온몸에서 바람이 빠져서
내 생은 전부가 바람이야
그러면 그렇지 저기 여자들이
떼로 몰려오고 있다
나에게 관심이 많은가 봐
나를 자꾸만 쳐다보네
나는 10척이 넘는 장신에다가
누가 봐도 정말 날씬하잖아
인생살이 알고 보면 무한 소비야 그러나
소비는 생산의 어머니
집집마다 돌린 찌라시(전단) 들고 사람들이
뭉게구름처럼 몰려오고 있다
'싼 게 비지떡' 이란 말은 이제 옛말이야
잘만 고르면 백화점 물건 저리 가라야

오늘은 제발 비가 오지 말아야 할 텐데
비가 오면 나는 춤을 추지 못하고
일당은 '꽝'이거나
'백지수표'로 받아야 하니까
이래 봬도 나는 배후가 있어요
그자는 못 말리는 수전노守錢奴입니다
돈만 보면 사족을 못 쓰는 구두쇠 영감입니다
내가 백수인 걸 알고 나를 데려다
내 뱃속에 잔뜩 바람을 불어넣어 나를
이렇게 바람둥이로 만들어 놓고
하루 종일 춤을 추게 한답니다
아, 오늘 날씨 한번 쾌청하다 그러니까
나는 괜히 신이 난다, 이참에 실컷 춤이나 춰 보자.

아무르
―동터 오는 대지 그 설원의 전설

1. 동터 오는 대설원
대설원 아무르 막막한 지평선 위로
태양은 찬란하게 떠오르고
눈 덮인 아무르강을 감싸고 도는
자작나무 빈 숲에 아침 햇살이 눈부시다
유목민의 캠프에서는 훈제 요리로
연기가 모락모락 오르고 벌써
북방의 독수리는 영하의 창공을
배회하고 있다, 저 형형한 눈초리로
지상의 무엇을 찾고 있을까
동절기에는 순록이나 말을 타고 가다
얼음을 깨고 물고기를 낚기도
황야에서 들짐승 사냥도 하면서 툰드라를
표표히 떠도는 유랑
그것은 북방 민족 생존의 역사이며
삶의 길을 개척하는 고행의 편력遍歷이다.

2. 유장한 강
아무르는 몽골의 내륙에서 발원하여
들쭉날쭉 러시아와 차이나의 국경을 이루며

쑹화강과 무단강 우수리강까지를 품어
안고 유유히 흐르고 흘러
오호츠크해의 깊고 푸른 물속에
비로소 그 유장한 물의 여정을 풀어 놓는 장강.

3. 생명의 신비 그 파노라마
4계절 아무르에 펼쳐지는 자연 드라마는
그야말로 경이롭고 불가사의하다
백곰 한 마리가 두꺼운 얼음장을 둔중한
앞발로 두드려 깨고 물개 한 마리를
익숙한 동작으로 낚아 올린다
몇 번 좌우로 휘둘리다 피투성이로 백설 위에
떨어지는 한 생애가 처절하다
간밤에는 늑대에게 새끼 양 세 마리가
희생되어 사라졌고 망아지 한 마리도
새벽까지 시달리다 지쳐 사경에 이르고 있다.

4. 추적
늑대 발자국을 발견한 대장이
발 빠른 말로 바꿔 타며

동료 대원들에게 외친다 "나를 따르라."고
가도 가도 끝이 없는 대설원
말 탄 대원들은 소리치며 늑대를 맹추격한다
하지만 야생의 늑대도 황야에서는
달리기에 발군의 선수가 아닌가
그러나 인간의 응원과 채찍을 받으며
내달리는 말을 어떻게 당해 낸단 말인가
마침내 엉덩이에 엽총 한 방 맞았다
한 생애가 설원에 속절없이 고꾸라진다
붉은 피는 백설 위에 분수처럼 뿌려지고
맥없이 쓰러진 자의 저 처참한 굴욕
저 처절한 생의 종말
하늘에서는 독수리 떼가 먼저
알고 원을 그리며 빙빙 떠돌다가
주검의 주변에 하나 둘씩 내려앉고 있다.

5. 살 비린내 피비린내
그 와중에도 암말 한 마리가 백설 위에
양수를 터트렸다, 태에 쌓여
나온 새끼 말 한 마리 그리고 어미 말은

얇은 태를 핥아먹고 망아지는
벌써 일어나려고 발버둥 치고 있다
아, 저 살 비린내 피비린내 제 발로 스스로
일어서지 못하면 결국 늑대의 밥이 되고 만다.

6. 에필로그
대설원 서쪽으로 해는 벌써 저물어 가고
저녁놀이 저렇게 아름다운 아무르
아무르의 전설은 그렇게 끝없이 이어지고 있다.

폭우

매지구름과 먹구름이 패로 갈리어
공중전을 벌이고 있다
위로 치솟았다 아래로 가라앉았다
엎치락뒤치락 격투기가
벌어지고 있다
누가 저 치열한 싸움을 말릴 수 있을까
보다 보다 하느님이 분노하셨다
번개칼을 휘두르며 호령하고 호통을 치며
마구잡이로 물대포를 쏘아 대니까
그제서야 이놈들
싸움 장소를 지상으로 옮겼다
땅에 내려와서도
분이 풀리지 않았는지 서로 치고받고
엎치락뒤치락 물속에 처박혔다
솟구쳤다 흙탕물을 일으키며
사생결단을 내려는 듯
맹렬한 수중전을 벌이고 있다
잠시 소강 상태로
싸움이 끝나나 싶었는데
그래도 화가 풀리지 않았는지

저희끼리 이리저리 패로 몰려다니며
물불 가리지 않고 닥치는 대로
넘어뜨리고 쓰러뜨리며 짓밟고 지나간다
그들이 지나간 자리는
흙탕물로 진흙으로 덮어 버린다
이런 때는 높은 곳으로
피신하는 것이 상책이다
우물쭈물하다가 홍수에 휩쓸려
하류로 떠내려가면 졸지에 황천객이 되고 만다.

지리산 뱀사골에서
―어느 파르티잔의 육필 수기

지리산 뱀사골 비트*에서 마분지에 몽당연필로 쓴 육필 수기, 그리고 그는 자복했다.

엊그제는 공비 토벌 대원들이 바로 내 비트 옆을 지나갔다. 발각되어 총 맞아 죽는 줄 알았다. 나는 그들의 충혈된 눈과 군화 뒤축까지 자세히 보았다. 불안한 듯 살금살금 내딛는 발걸음, 양 가슴에는 수류탄, 허리에는 대검을 차고 카빈총을 앞으로 겨누고 방아쇠에 검지를 걸고 이쪽저쪽 사방을 살피며 여차하면 한 방 내갈 길 자세로 관목 수풀 속을 헤치며 지나갔다.

나의 비트는 지리산 뱀사골 중턱 찾기 힘든 후미진 곳에 있다. 그제부터 동무 대원들과 연락이 되지 않는다. 이쪽저쪽 소식이 두절되었다. 깊은 산중에서 고립되었다. 불안하고 초조하다. 어제가 바로 시월 보름, 명월이 중천에 떠 있을 때 여우 한 마리가 바로 내 비트 옆에서 한참을 울다 갔다. 제짝을 찾는 소리였을까…. 별이 총총히 뜨는 밤이면 하늘의 무수한 별들 중 북두칠성 자리를 찾아 그 북쪽에서 유난히 빛나는 북극성을 바라보곤 했다. 북에 두고 온 부모 형제 그리운 친구들…. 풀벌레 소리는 적막 산간에 자욱하고….

 며칠 전부터 조장 동무의 입에서 흘러나온 말이 이제야 생각난다. 시월 보름을 전후해서 백두대간 루트를 따라 북상하여 일단 소백산으로 퇴각한다고…. 그러나 그들은 나에게 탈주 명령을 전달하지 않았다. 왼쪽 하지 발목 부분에 관통상을 입은 내가 그들의 대열에 낄 수 없다고 판단했는지 죽이지는 않았으나 나만 버려두고 떠났다.

 이제 비상식량도 얼마 남지 않았다. 하지 감자와 고구마 몇 개, 옥수수 몇 개, 며칠 전 밤에 동무 대원이 민가에 내려가 약탈해다 나눠 준 보리쌀 두어 되, 그리고 반찬은 묵은 고추장이 전부다. 신발은 다 떨어진 헌 고무신 짝…. 총 한 자루 수류탄 한 개 실탄 한 발 없이 한쪽 다리를 절룩거리면서 이 꼴로는 혼자서 도저히 험준한 백두대간을 탈 수가 없다.

 이참에 투항하여 광명을 찾아야겠다. 그러나 자수한다고 내 생명이 보장될까? 상황이 위급하거나 어쩔 수 없을 때는 주저하지 말고 자결하라고 북에서 교육을 받았는데….

※비트: 비밀 아지트

섹시한 사과의 말

모난 돌이 정 맞는다기에 나는
나도 모르게 둥글어졌어요
얼굴이 파리하다기에
햇볕에 그을렸어요
모난 것보다는 둥근 것이
파리한 것보다는 불그레한 얼굴이
보기에도 더 좋지 않나요?
어느 때인지 잘은 모르겠으나
화창한 봄날 오후이었던 것 같아요
주위에는 아무도 없었고
햇살은 따뜻하고 포근했어요
혼자서 가물가물 졸고 있는데
벌 한 마리가 찾아왔어요
나는 그때 꽃다운 나이였고요
벌은 내 물기 오른 몸을 탐하며 한참을
놀다 갔어요, 정말로 황홀합디다
하늘을 둥둥 떠다니는 것 같았어요
그러다가 천 길 낭떠러지로
떨어지는 것 같기도 했고요 어쨌거나
그 꿀맛 같은 정사情事 장면을

표현하기가 어려워요
그 이후로 나는 거짓말같이
입덧 한 번 하지 않고
유두에는 발그레 윤기가 흐르고
배는 점점 부풀어 오르고
이렇게 만삭의 몸이
되었답니다, 누가 내 말을 믿거나 말거나예요.

이호자

- 월간 《문학공간》으로 등단
- 하남문인협회 이사
- 경기도문학상(공로상) 수상

공간마당

- 난 뚱딴지
- 빛나는 나의 봄
- 환상의 오지에 날아다니는 시어들
- 휴전선 봄
- 소금

난 뚱딴지

이순을 넘어
청운의 꿈 이루겠다고
안개비 맞으며 꽃길을 걷는다

하지만 아무리 사색해도
문학 사유의 진수 갈수록 깊어
노루잠을 자며 글을 쓴다고 애쓰나

시심이 거덜 났는지 되지는 않고
남의 글 훔치느라 이 춤을 반춤도 못 추었으니
맑아야 할 영혼은 글 주접만 든다

난 도대체 어처구니가 없는지
벽창호인지 뚱딴지인지
내 모습이 꼭 비리하니 어리버리하다

이것이 진정 내가 바라는 삶은 아닌데
차라리 누가 딴죽이나 걸지
모든 것 포기하고 삼천포로 빠져

간간이 멍텅구리와 놀며
도태된 욕심 버리고
소중한 추억 조리질해 자잘한 행복 건질 텐데

봄
너는 특유의 춤꾼
안온함이 느껴지는 난 똥딴지가 된다.

빛나는 나의 봄

하얀 낮,
흰 구름 그림자 걷어내며
난 이리저리 덤불을 헤칩니다
"꼴깍.",
침을 삼키면서 조심조심

방금 생성된
푸른빛의 아기별들
냉이 민들레 망촛대
꽃다지 씀바귀

양지 쪽
돌나물 들춰 보니
닥지닥지 매달린 별들
쭉 딸려 나옵니다

난 별들을 헤어 봅니다
하나
둘
셋 넷 다섯 여섯 일곱….

어릴 때 보랏빛 꿈
조각난 파편들
지금 다시 태어나
햇살 한 줄기 흰 물이 나도록 물고 빱니다.

환상의 오지에 날아다니는 시어들

칠흑같이 어두운 밤 조금 떼어
먹물 만들고
부드러운 은빛 물결
달빛 모아 가지런한 붓 만든 후

색이 없어 단순하고
색이 없어 무궁한 세상 찾아
밤에 길을 떠난다
글감을 구하러

매일 가는 길도 낯선 적이 있다
오직 허공뿐
문득 길을 멈추고
보이지 않는 우주의 뼈대를 더듬어 본다

여긴 어디인가?
별 세계?
초월의 세계?
언젠가 꿈꾸었던 아름다운 꿈속의 길인가 보다

어깨를 스치는 나뭇가지 잎들
귀신처럼 춤추고
별이 떠 있지 않으면 모를 연못
블랙홀이 되어 나를 삼킨다

난 우주
우주는 나
환상의 오지 속에서 얻은 영감
예리하게 서슬 퍼렇게 퍼뜩이고

달빛이 흐르는 상상의 언덕
날아다니며 춤추는 시어들
막상 손에 잡히지 않아
공연한 설움에 눈물이 솟구친다

먹물
붓 명품으로 준비되어 있는데
시간의 체험은 이미 단절되고
화선지엔 아침 햇살이 놀고 있다.

휴전선 봄

예쁜 휴전선 봄
섬뜩한 눈초리에도 사랑을 위하여
연둣빛 풀잎 나붓이 자라고

착한 휴전선 봄
화약 냄새 마다 않고 핀 민들레꽃
평화의 씨로 날고

아름다운 휴전선 봄
숲속 북쪽 남쪽 짝 찾는 새
"쪼로롱."
사랑 노래 부르고

그리움의 휴전선 봄
나뭇가지에 걸린 한스런 낮달
조기가 바로 내 고향이라며 내려다본다.

소금

태양 아래 빛나는
보석 에메랄드빛
모든 것을 품는 바다

거대한 바다에게
원대한 꿈
무엇이냐 물었더니

내 꿈이랄 거 뭐 있냐고
산 것들이 흘린 눈물 고이 간직해
생명을 보존케 하는 것이란다

바다의 가슴 열어 보니
하늘의 별처럼 깔린 자잘한 하얀 젖꼭지들
어린 물고기들 짠맛을 즐기며 핥고 있다.

이희숙

· 월간 《문학공간》으로 등단
· 시집으로 『신음 없는 영혼』
· rosesuk4707@naver.com

공간마당

· 순응자
· 망각을 깨우는 곳
· 우리 가는 곳 어디멘지
· 어머니
· 청춘은 봄이더이다

순응자

곱디고운 색 입은 아름다운 꽃도
부풀어진 거품 찬란한 격정의 순간도
가슴 설레던 짧은 만남인 것을

한때 더디게 흐른다고
뒤틀린 시간 끌어안으며 걷던 흔적
세월 거슬러 가 버렸다

부르지 않아도 오는 우리 생애
마지막 날을 순응하기 위해
오늘도 못다 한 이야기 쓴다

그리고
가 버린 이들의 추억을 먹는다
낙하한 꽃들이 피워 놓은 잎 보면서
그들이 남긴 열매 보면서.

망각을 깨우는 곳

고층 테라스*에 앉으면
설화같이 지나 버린
한 시절 꿈 도려 간 청춘이 보인다

눈 멈춘 뜨락 위에
햇살이 유년처럼 빛을 내다
어느새 화살처럼 시간 죽인
해 질 녘 솔 광으로 떠올랐고
그윽한 향기에 취한 듯
앉아 있는 송학 사이로
솔잎 흔드는 갈매기 춤사위는
떠나 버린 옛 시인들의 애끓는 시

화구에 실려 넋이 된 손길마다
화지에 실린 수채화는
바람이 우는 전설 되어
한 줄기 푸른 점 같은 젊음도
손 놓친 실타래처럼
세월 따라 굴러가 버렸다
그리고 지난 시간은 흔적도 없이

기억의 잔해 남겨 망각을 깨운다.

※남강이 보이는 경남과학기술대학교 백년 기념관

우리 가는 곳 어디멘지

생아 너는 어디로 가고 있니
연잎에 구르는 이슬처럼 빙빙 돌다
허망한 욕망 길바닥에 흩어져
미지의 꿈 찾으려 고운 빛살 헤집다
이끼 낀 시간마저 모른 채
속절없는 생의 무게 낮은 어깨에 짊어지고
지친 다리 끌고 가다 포승줄에 묶이면
유랑 배 돛 내리듯 떠나갈 그곳이 어디멘지.

어머니

녹색 그늘은 해를 따라 재 넘는데
빛바랜 청춘의 짐 내리지 못하고
오늘도 잡초의 춤사위에 몸부림 느끼면서
새들의 아우성에 목 더듬는 어머니

생의 마지막 애절함에도
세찬 흐름은 설화 같은데
팔십 평생 무수한 기억 안고
끈 놓지 못하는 어머니

살아 있어도 사는 게 아닌
꿈인 듯해도 꿈이 아닌 것을
아! 불가능한 극치 만날 수 있다면
불가능한 광경 목격할 수 있다면.

청춘은 봄이더이다

어머니 청춘은 봄 맞더이다
세월이 물오른 가지에서
정거장 없이 밤낮 보내며
눈부시게 아름답던 잎들
눈처럼 퍼부어 흰 꽃잎 사라졌어도
연분홍 꽃들 청춘처럼 부푼 곳에
분분한 봄바람은 무성할 녹음 키우더이다

보석보다 아름다운 생생한 젊음은
저 높고도 먼 하늘 태양의 빛으로
저 넓고도 평화스런 노을빛으로
저 은은하고 찬연한 밤하늘 빛으로
그렇게 그렇게 청춘의 꽃 물들이더이다
그리고
청춘은 가고 꽃물은 어머니 가슴에
지워지지 않은 얼룩처럼 남아 있더이다.

정인환

공간마당

- 월간 《문학공간》으로 등단
- (사)한국예술문화연구원 회원
- (사)한국시인연대 회원
- (사)한국문인협회 회원
- 시집으로 『사랑을 위하여』, 『그리움의 창을 열며』
- 동시집으로 『눈이 오는 날』
- jiw0128@hanmail.net

- 실루엣 사랑
- 꽃잎에 쓰는 편지
- 늙은 호랑이가 부르는 노래
- 선물을 받고
- 사랑의 향기

실루엣 사랑
—사진작가 지니*의 작품을 보고

진실한 사랑은
바람으로 속삭이는
인경 소리처럼
먼 울림으로 일깨우는
심혼의 고뇌인가

비련의 눈물인 양
유리벽을 타고 흐르는 빗물이
상혼처럼 걸린 곡선에 맺혀
스치는 그림자를 잡고 있는
애절한 눈빛 같은 사진 한 장

"참된 기도는 무릎 꿇지 않고
참된 사랑은 고백하지 않나니."

사랑이여!
슬픈 임의 노래여
남몰래 불러 보는
그리운 그 이름이여

애소 어린 그 눈빛
너무 절절해
오늘은
못다 한 사랑이야기
이슬*에 젖어 피어 있구나.

※지니(Jinny Kim): 미국 워싱턴에 거주하는 초등 제자인 사진작가.
※이슬: 덧없는 생명에 비유하는 말.

꽃잎에 쓰는 편지

시린 그늘에서 반짝이던 햇살이
구름에 가려 사라진 후
나를 잊지 말라는
물망초 사랑 먼 그리움에 그는
마음 죄어 애태우며
성숙의 아픔으로 해탈된 고운 미소로
세상의 시름을 잊고 산다
그것은 좌절하고 돌아설 때
생각하고 풀어내는 힘이 되고
소망을 지피는 불씨가 되어
차디찬 가슴에
신혼의 봄날을 뽀얗게 열어 놓고

"포기하지 않는 자만이 승리할 수 있다."

다독이는, 가슴앓이 사랑을 보듬어
순애보殉愛步의 길을 걷게 했으니
그 가슴에 꽃다발을 안기며
사랑한다, 속삭이는 이여
보고 싶다고 그리워 보고 싶다고

민들레 꽃잎에 편지를 쓰는
그 마음을 누가 알랴
길 잃은 천사여
주님이 알아주리니 일어나 걸어라
주님의 사랑 안에서
참 자유와 평화를 누려라.

※영농을 하다 불의의 사고로 의식불명 상태에 빠진 부군을 2년간 지극정성으로 간호하며 세 자녀(대학 재학 중)를 돌보는 어려움 속에서도 부군과 약속한 만학의 꿈을 이루기 위해 직장생활을 하며 대학을 다녀 2013년 2월 20일 방송대를 졸업한 존경스런 처남댁(임은경)을 위해 쓴 시.

늙은 호랑이가 부르는 노래
―한국 모델계의 대부 이재연을 기리며

파란만장한
풍운의 사나이 이재연!
그 마른 눈에도
흘려야 할 눈물이 남아 있는가

벙어리 냉가슴 어디쯤에
속울음 묻어 놓고
천추의 한이 되어 부르는
늙은 호랑이의 슬픈 노래여

못 이룬 꿈의 열망 너무 소중해
가슴에 간직한 진실은
무너진 삶 속의 폐암도 물리쳐
부활의 봄을 꽃피웠구나

한국 모델계의 대부시여!
주님이 알아주리니
그 뜨거운 열정으로 꽃피운
'모델사관학교'의 이름으로
'모델라인 회장'의 영광으로

그 이름 청사에 길이 빛나도록
세계무대를 향하여
큰 족적을 남기시라
부디 그리스도 예수 안에서
참자유와 평안을 누르시기를….

※ 2013년 4월 19일 조선TV '대찬인생'에 출연한 친구를 보고 쓴 시

선물을 받고

근 사십여 년 만에 해후한
시골에서 영농을 하는 초등 제자가
택배로 옥수수를 보내왔다

고희를 넘어 찾아온 이 행복
정성스레 포장한 부대 자루를 여니
옥수수의 진한 향기와 함께
투박한 정이 물씬 풍기는
편지가 나를 반긴다

"올해 첫 수확한 옥수숩니다
선생님 생각이 나서
맛이나 보시라고 조금 보냅니다
맛이 없어도
맛있게 잡수시면 고맙겠습니다
제자 이상근 올림."

골육지친인들 이보다 더하랴
지천명의 언덕에 올라
백발 성성이같이 늙어 가는 길에

애지중지 옥수수를 가꾸며
고희의 스승을 생각했을
그 속 깊은 마음과 애틋한 정에
눈시울이 절로 뜨거워진다

선물은 물질이 아닌
사랑을 주고받는 마음이니
거기에 이해타산이 있으랴
아름다워라
사랑의 선물로 꽃피운
향기로운 사제간의 정이여.

사랑의 향기

지인을 조문하려고 병원에 당도하니
향긋한 더덕 냄새가 발목을 잡는다
주위를 살피니
노점상이 병원 입구에서
익숙한 솜씨로 껍질을 벗기고 있다
고통 속에 죽어 가면서도
향긋한 냄새를 지천으로 쏟아내는 더덕
인간이 육신의 옷을 벗을 때 발산하는
그 향기는 어떤 것일까?
영안실을 찾으며 조용히 생각해 본다
어떤 죽음은 향기로운 삶으로
애도의 물결이 이어지고
어떤 죽음은 역겨운 삶으로
외면당하고 멸시당하지만
또 어떤 죽음은 사랑의 향기로
온갖 수모와 조롱 속에 죽어 갔어도
고결한 대속의 보혈로
인류를 죽음의 길에서 구원하여
영생의 길로 인도했으니….
사랑의 향기!

그 아름다운 날을 생각하며
내 삶의 모습을 되돌아본다.

추경희

공간마당

- 월간 《문학공간》으로 등단
- 국제펜클럽 한국본부, 한국문인협회 회원
- (사)한국시인연대 부회장 역임
- (사)한국예술문화연구원 사무국장
- 문학공간상, 경기도문학상 본상, 일붕문학상 수상
- 시집으로 『밤새 산이 하얗다』, 『내가 사는 집』 외 다수
- 123chkh@naver.com
- www.gaeulpen.com

- 독백
- 여우비
- 입추
- 첫눈이 오면
- 여백

독백

며칠째, 쏘아 대는 별빛 탓일까
아무도 들어주지 않는 넋두리
주절주절 늘어놓는 시간

손가락 하나 움직일 수 없는
나는
광대처럼 시끄럽다

내 안의 나는
요란하기 짝이 없어
외로운 언어들
시詩 속에 묻히지 못하고
주인을 잃었다

가위에 눌린 밤
초침 소리도 들을 수 없다.

여우비

기별도 없이 왔다가
잠깐 머물러 주기를
긴 여운만 남긴 사람아

화들짝 놀란 화단에
당신의 흔적
물오른 나리꽃 가슴으로
망울져 달려 있구나

살며시 왔다 가면
가만히 잊혀지기를
하늘빛 몰고 와서
따갑게 쏘아 대고 가는 사람아

이제는
오는 길에 오색 비단 깔아 주랴
사람아
다음에 오려거든
아무도 모르게 가려마.

입추

가을이 온다고
말뿐인 시간

어제처럼 더운 것 빼고는
하나 달라진 것 없는데
달력에는 입추라고 적혀 있다

나도
일정란에 다시
'어비계곡'이라고 적어 둔다

지난해 입추는
일정에 따라 제구실을 해주어서
사람의 간사함을 조석으로 알려 주었는데
올가을은
한여름 뙤약볕에 기가 죽었다

어디, 기가 죽은 것이
때를 못 찾은 입추만 있을까?
온 여름을 붙잡고

아들 방학계획표에서 기가 죽는
함수, 방정식 다시 집합들

에어컨 아래서
말만 덥다고
말뿐인 입추라고
뜯어먹는 단어장 먹어치우듯

내 맘처럼
올가을은 오지 않을 모양이다.

첫눈이 오면

첫눈이 오면
눈사람을 만들겠다

달항아리 빚듯 정성스럽게 구워서
순백이라는 이름을 달아 주고
밤이면 달빛 받아 더 하얗게 빛나는
녹지 않는 눈사람을

작년에도
허무라는 이름을 달고
눈사람이 소리 없이 사라질 때
내 뜰로 떨어져 내리는 달 껍질을 보았다

이제 첫눈이 오면
흰 겨울이 제맛을 다하고
땅바닥이 물렁물렁한 뼈대를 내비칠 때까지
청아한 빛을 발하는 눈사람을 만들겠다.

여백

얼마간 분주한 시간을 보냈더니
손끝이 닿지 못하는 구석까지
먼지가 목을 움켜쥐고 있다

망설임도 없이
청소기를 돌려 잔해들을 제거했더니
고개를 내민 바닥에
희멀건 얼룩들이 내 눈을 속이고 있다
힘을 가해 물걸레질을 하고
물기가 마를 때까지 기다렸다

그런데 물기가 가시기도 전에
휙 지나가는 날벌레
저 투명한 흔적은 무엇인가?

어디에도 완벽한 여백은 없나 보다
다만, 아주 조금만
내 안의 아우성치는 소리만
조금씩 내려놓으면 그뿐….

편문

공간마당

- 월간 《문학공간》으로 등단
- (사)한국예술문화연구원 부이사장
- 한국시인연대 이사
- 한국문인협회 회원
- 시집으로 『노숙』, 『아직도 그대는』
- 장편소설로 『갈대』, 『유화물감』
- vusans5716@hanmail.net

- 흑백사진
- 어딘가에 있을 기다림
- 삶의 한구석
- 하얀 종착역
- 이별 뒤에 내리는 비

흑백사진

신작로 비포장도로를 걸어간다
한 점의 구름도 가리지 않은 햇빛을 쪼이며 간다
이마에 맺힌 땀방울이 햇빛에 말라 그려진 게놈 지도

군용 트럭 한 대가 흙먼지 휘날리며 달린다
술 취해 쓰러져 잠든 뚱보 아저씨 코 고는 소리를 내며
구수한 매연 흩뿌리고 가는 차 꽁무니를 멍하니 보는 소년과 소녀

얼굴에 맺힌 흙먼지 가루
흘러내린 콧물에 걸직하니 엉겨 변한 색깔
이젠 비어 버린 뱃속이 한참 전에 쓰라림을 극복했다

흐르룩, 들이킨 콧물이 콧구멍을 지나 목울대를 넘는다
손에 든 돌멩이를 뽀얀 먼지 속으로 사라져 가는 군용 트럭을 향해 던지고
손등으로 코밑을 쓸어 낸다

군부대 담장 너머 심겨진 조선무가 팔뚝만 하다
어깨 둘러멘 책보를 벗어 여동생에게 건넨다

"너 배고프지."
말없이 고개만 끄덕이는 소녀
말없이 오빠의 가방을 건네받는다
신뢰 가득한 눈빛에 영롱한 빛이 돋아난다

쏜살같이 담을 넘어 사라지더니
무 두 개를 들고 허겁지겁 나타난다
"야 뛰어."
심상치 않다

뒤쫓아 온 군인에게 오빠는 붙들려 갔다
해가 지고 무서운 밤이 와도 소녀는 오빠를 기다린다
"아직도 안 갔어."
"오빠 기다렸지."
눈물로 닦여진 눈가 주변
불가침 영역, 밝은 빛을 발한다
"에이 씨팔 여태껏 손 들고 있었네."

그날 어두워서 집에 들어가 벌 대신
저녁은 막내 머리통만 한 감자로 때웠다.

어딘가에 있을 기다림

길을 떠난다
이유도 없이, 아무런 목적 없이,
그냥이란 단어 하나로 길을 나선다
이미 그려진 운명의 지도 위에 있을 무언가를 위하여 길을 간다

먼 기억 속으로 묻혀 사라져 갔을 숙명의 한 자락
염원 하나로 희망을 지피우던 작은 불꽃
기나긴 겨울 밤, 흰 눈에 갇힌 시간들의 고요
눈 속에 묻혀 허옇게 얼어 간 생각들의 침묵은 붉은 선혈을 삼킨 채 입을 다물고 있다

둥그런 불판 위에 양배추와 닭갈비가 익어 가고
차양 없는 색 바랜 슬레이트 지붕
고드름 끝 여미며 떨어지는 시간
말없이 음료수 한 병을 덤으로 얹어 주시던 아주머니
"누굴 기다리우."
의미 모를 웃음으로 돌아서 가는 아주머니
걸음 뒤로 남겨진 세월이 쫓기듯 밀려난다

양철 지붕 위 십자가에 걸린 햇살 조각이 유리창을 건너오면
　괜시리 눈가 시려 맑은 술 한잔 입에 털어 넣고
　시도 때도 없이 울어 대는 닭 울음소리에 귀를 기울인다.
　또 한 잔 털어 넣고, 십자가 그늘에 가린 창가를 보고
　오지 않을 사람을 기다린다

　귓불이 유난히 하얀, 소복이 쌓인 하얀 눈 같은 소녀
　비껴 갈, 엇갈린 시간과 흔적
　어느 곳 어느 자리에서 살고 있는지
　바람결에 들리는 소리
　아직도 말없이 조용한 미소뿐이란다.

삶의 한구석

있어도 아프고
없어도 아픈

님, 내 가슴속 터를 잡아 둥지를 튼 지 오래
미워할 수도, 내칠 수도 없는 하얀 그림자

잊는 것도 축복이고
내일을 알 수 없는 것도 행복이다

오늘 부질없음은 상실의 본질
단절로 찾고자 비우려는 구도의 끝자락

버리므로 비우므로 그리고 없으므로
내 몸속 깊이 찾아드는 자유

의식이 사라진 머리로 세상을 보고 자연 속으로 들어가도
진정성 없는 모습으로 뿌리를 드러낸 채 헐떡일 뿐이다

숨 멈추고 살아온 어제와 오늘

의미 부재로 알 수 없는 웃음으로 도시를 배회한다

어디에서 시작을 찾고
어디에서 끝을 찾을 수 있을까

아픈 채로 상처가 난 채로
통곡으로 드러난 뼈가 하얀 모습으로 빈혈에 시달려도

또 다른 내가 머리가 썩도록 먹어 대는 알코올로 내 진정성을 찾고자….
멀어져 가는 내 안의 모습이여

일어나 어제 먹다 만 일부를 해치우고
그리고 나로부터 멀어진다.

하얀 종착역

때늦은 새벽이 어둡다
시장기가 미적거리며 미동 없이 멈추어진 오늘을 조용히 흔든다
창가 두드리는 빗방울이 요란하다

바다
안인 해수욕장 바닷가 난장 횟집
쥐치 회 한 접시를 떠 경월소주로 취해 가는 생각에 불을 지핀다

학산이 집인 박씨 아저씨의 푸근한 이야기
노송으로 아늑한 마을
하늘 높은 곳 내려앉는 학이 마을를 휘돌아 감싸안는다

가슴이 맑게 녹아내리고
육신은 원죄의 찌꺼기를 걸러 내어 투명하게 환생한다

순박이란 모습으로 저녁밥을 짓는 박씨 아저씨의 아내
하룻밤의 여과로도 맑게 환생되어 태어난다

바다와 파도를 버무린 회를 입에 넣고는 어떻게 목
안을 넘어갔는지
아깝게 한 젓가락 회를 먹었다

영원과 끝모를 어느 곳의 염원
멈출 줄 모르는 더, 더라는 욕망

현실의 가두리 안에서 새로움을 위한 가출은
오늘도 내일도 모레도 끝없이 이어진다
아무것도 이루는 것이 없어도 시작으로 족하리라.

이별 뒤에 내리는 비

어디에서 왔다가 어디로 가는지
이정표 없는 사거리에 서성이는 영혼

파란 길로 나와 하얀 길로 온 당신을 만났지요
천 년을 살자고 백 년 동안 지키자는 약속,

십 년 세월 바래진 색깔이 희미한 자국으로 먼 길 떠나면
남겨진 흔적이 상처로 멈춘 시간만 훌쩍이고 있다

무엇을 두고 왔는지 하얀 언덕 너머 고개 들어 바라보던 회한의 나날들
이제 우리는 멀리서 이별의 노래를 불러야 한다

돌아올 수 없는 길을 가더라도 모르는 듯 취한 듯
오늘을 잊음 속으로 흘려보내고

내일을 기다리기 싫어
한잔 술 건네주며 마시고 또 마시고 가슴에 남겨진 눈물 쏟아 내고

문득문득
버려진 구석에 없는 모습으로 웅크린 채

홀로 부딪치는 건배의 잔
지난 세월 쏟아져 버린 외면의 잔을 채울 길이 없다

멀리서 메아리도 울리지 않는 시간과 세월의 틈새에서
고운 손 엮어 내는 삶이 섬세하게 수놓은 사랑의 선율을 만들어 낸다

사랑했노라, 그래서 엎질러진 시간의 과오
상처가 깊어 치유되지 못하더라도

한 번만이라는 간절함으로
메아리 없는 소리를 질러 본다.

길 위에서 만난 바람

발행 | 2013년 12월 30일
지은이 | 공간마당 동인
펴낸이 | 김명덕
펴낸곳 | 한강출판사
홈페이지 | www.mhspace.co.kr
등록 | 1988년 1월 15일(제8-39호)
주소 | 서울시 종로구 인사동 131번지 파고다빌딩 408호
전화 735-4257, 734-4283 팩스 739-4285

값 10,000원

ISBN 978-89-5794-273-4 03810

※ 저자와의 협약에 의해 인지는 생략합니다.
※ 잘못된 책은 바꾸어 드립니다.